CB142678

Conhece o Mário?

Volume 2

Sobre o Autor – Neltair Abreu nasceu na cidade gaúcha de Santiago, cujo nome adotou como pseudônimo. Começou sua carreira em 1975, na *Folha da Tarde*, de Porto Alegre, onde permaneceu por quase dez anos, até o fechamento do jornal. Atuou no *Coojornal*, no *Pasquim*, em *O Estado de São Paulo*, na revista *Bundas*, na agência Cartoonists & Writers Syndicate, de Nova York, e na agência Cartoon Archive, da Alemanha. Foi premiado cinco vezes no Salão de Humor de Piracicaba, duas vezes no Salão do Canadá, cinco vezes, entre eles com o Grand Prix, no concurso do jornal *Yomiuri Shimbun*, de Tóquio, e recebeu também o primeiro lugar do concurso da agência Sofia Press, da Bulgária, em 1987.

Livros do autor publicados pela **L&PM** Editores

Humor Macanudo (1976)
Refandango (1977)
Gauchíssima trindade (1978)
Ninguém é de ferro (1993)
Povaréu (1994)
O melhor do Macanudo Taurino (1997)
De papo pro ar (1998)
FHC: quem te viu, quem te vê (1999)
Não tá morto quem peleia (2001)
A dupla Sertanojo (2003)
Tinta fresca (2004)
Conhece o Mário? – volume 1 (2006)

Santiago

Conhece o Mário?
Volume 2

www.lpm.com.br
L&PM POCKET

Coleção **L&PM** Pocket, vol. 732

Primeira edição na Coleção **L&PM** POCKET: outubro de 2008

Capa: Bernardo Abreu
Revisão: Larissa Roso

CIP-Brasil. Catalogação-na-Fonte
Sindicato Nacional dos Editores de Livros, RJ

S226c
v.2

Santiago, 1950-
Conhece o Mário?, vol. 2 / Santiago ; [ilustrações do autor]. – Porto Alegre, RS: L&PM, 2008.
104p. : il. ; . – (L&PM Pocket ; 732)

Anexo
ISBN 978-85-254-1824-1

1. Humorismo brasileiro. I. Título. II. Série.

08-3698. CDD: 869.97
CDU: 821.134.3(81)-7

Rua Comendador Coruja 314, loja 9 – Floresta – 90220-180
Porto Alegre – RS – Brasil / Fone: 51.3225.5777 – Fax: 51.3221.5380

Pedidos & Depto. comercial: vendas@lpm.com.br
Fale conosco: info@lpm.com.br
www.lpm.com.br

Impresso no Brasil
Primavera de 2008

suMÁRIO

Nota do Autor

Devo justificar que para manter a oralidade e o clima do palavreado de bolichos e galpões de estância atropelei algumas vezes a língua portuguesa, principalmente em relação à concordância de verbos como no uso do pronome "tu", característico da gauchada.

INTRODUÇÃO
(no bom sentido!)

O Mário, aquele do armário, entrou em contato com o Joãozinho, aquele das piadas, pra encomendar um prefácio. Mas o famoso guri tinhoso recusou a tarefa por considerar o teor e o conteúdo (o "tíor" e o "contiúdo", como diria o dr. Leonel) de muito baixo calão.

Além do que, o cachê em catecismos do Carlos Zéfiro não lhe interessou, porque já tem a coleção completa.

PRIMEIRO ANDAR
Modelitos familiares & ingênuos
(pra aquecer a máquina!)

– Caiu um cachorrinho do vigésimo andar!
– E aí, morreu?!
– Não, era de pelúcia!

– Hoje eu fui num enterro e caiu o fundo do caixão!

– E o defunto caiu?!

– Não, se agarrou nas alças do caixão!

– Hoje eu vi um moleque malvado dando uma injeção de gasolina num gato que saiu correndo feito louco, até que tombou!

– Morreu, o pobre animal?!

– Não, terminou a gasolina!

– Passei numa encruzilhada e tinha uma galinha preta, um charuto e um aparelho de MP3!
– E ninguém pegou o MP3?!
– Não, a galinha tava ouvindo música!

– A minha vó tá com 90 anos!
– Então tá surda, a velhinha!
– Não! Ela ouve muito bem!
– É, mas não tá ouvindo o chamado de Jesus!

– Sabe a Hebe da TV? A Hebe prrrrrrrruuum!
– Morreu?!
– Não, se cagou!

– Abriram um cabaré só com chinesinhas!
– Onde? Onde?
– Em Pequim!

SEGUNDO ANDAR

Nomes próprios e impróprios (começou a piorar!)

– Conhece o Juca Louco?

– Que Juca Louco?

– Aquele que foi te funchando aos poucos!

– Conhece o Mário Cabeça?

– Que Mário Cabeça?

– Aquele que te deu um trato que eu duvido que tu esqueças!

– Conhece o Mário Louco?
– Qual Mário Louco?
– Aquele que te agarrou atrás do hospício!

– Conhece o Lerguino?
– Qual é o Lerguino?
– Lerguino Pinto!

– Conhece o Nonô?
– Que Nonô?
– Aquele que te comeu e te abanou!

– Conhece o Menezes?
– Qual é o Menezes?
– Aquele que te possuiu dez vezes!

– Conhece o Jaime?

– Aquele que te agarrou em cima do andaime!

– Conhece a Samara?

– Mas que Samara?

– Essa maravilhosa chonga que eu tenho aqui!

– Conhece a Jacquie?

– Que Jacquie?

– Já que lambeu, chupa!

– Conhece o Fanho?

– Que Fanho?

– Aquele que tem um pau desse tamanho!

(Faz-se o gesto característico conforme o calibre desejado – digo, exemplificado – e mais a voz do fanho!)

– Sabe o Teixeira? Se tu quiseres alguma coisa do Paraguai. Teixeira traz!

– O teu nome não é João Costa?

– Não, é só João!

– Mas eu posso te chamar de Costa?

– Tu tens visto o Botelho?

– Que Botelho?

– O Botelho Pinto!

O Zeca encontra um amigo e diz:

– Zeca, como é que tu vais?

– Mas o meu nome não é Zeca!

– É que hoje eu resolvi te botar o meu!

– Jacinto Pereira Filho, tirando o Pereira, como é que fica?

– Jacinto Filho!

Se o distinto leitor tiver o sobrenome Lima certamente vai ouvir de algum engraçadinho:

– O que é que o Lima é teu?

Pois aqui vai o contraveneno:

– "O Lima é tio meu!"

(Lhe meti o meu!)

– Conhece o Cunha?
– Qual é o Cunha?
– Aquele que te rasgou o rabo à unha!

Uma para aplicar em viagens internacionais:
– ¿Conoce a José?
– ¿Qué José?
– ¡Aquel que te comió y se fue!

TERCEIRO ANDAR
Comidas & bebidas

– Na cozinha tu gostas de picar alho?

– Se eu cozinho não asso!

– Tu que és um cara que entende de café, tu achas que no coador é mais forte?

– Não te caiu um ovo no pé?
– Por quê?
– Porque esses teus dois aí já tão podres!

– Se tu demoras um minuto pra chupar uma laranja e num saco tem dez laranjas, quanto tempo tu levas pra chupar um saco?

– Quando tu comes peixe: a cabeca tu chupas, o meio tu comes e o rabo tu dás!

– No restaurante tu preferes comer a quilo?

– Tu gostas de botar uma canelinha na tua rosca doce?

– Depois de uma cerveja é vinho por cima! (Eu vinha por cima!)

– O meu amigo Guido inventou um energético bárbaro! Tu vais querer experimentar o "power" Guido?

– Como é o nome daquele tempero que se bota no doce e que não é a canela?

– Cravo!

– Nariz na bosta!

– Eu gosto muito daquele vinho chileno Cousiño Macul. No meu aniversário tu podes me dar o Cousiño de presente!

– Tu ainda tens aquela mesa de comer velha de quatro pés?

Uma que não convém largar no CTG:

– Toda vez que eu chego no Rio Grande sinto aquele baita cheiro de fumaça!

– É a gauchada fazendo churrasco!

– Não, é a gauchada queimando a rosca!

QUARTO ANDAR
Roupas & vestuário

– Tu ainda tens aquela bermuda que desbota na bunda?

(Bermuda que diz bota na bunda!)

– Vamos fazer uma troca: te dou dez sapatos e tu me dá cem cuecas!

– Toda vez que eu visto essa camisa me lembro de ti! Ela tá sempre soltando o botão!

– Tem aí um sorteio da Zorba pra ganhar mil cuecas. Se tu ganhares tu me dá cem cueca?

– Alô? Por favor, é aí que trabalham com roupa?

– Não!

– Então tá todo mundo pelado!

QUINTO ANDAR
Tecnologia & equipamentos

– Sabia que inventaram uma televisão sem fio tocada a pilha? Na tua tem fio atrás?

– Tenho um computador pra vender por dois mil. Tu pedes mil pro teu pai, e com mil teu tu ficas c'o computador!

(Comi o teu e tu ficas com puta dor!)

– Tu tens tomada atrás do armário?

– Eu quero te ajudar a comprar um computador. Eu dou uma entrada e tu ficas c'o computador!

– Tu tens um amigo que passa o dia na internet. O teu amigo tem Terra?

– Tu que gostas de cinema, em relação à metragem: no escurinho tu gostas de longa ou de curta?

– O empulhador militante mostra o dedo indicador e pergunta: aceitarias uma inclusão digital?

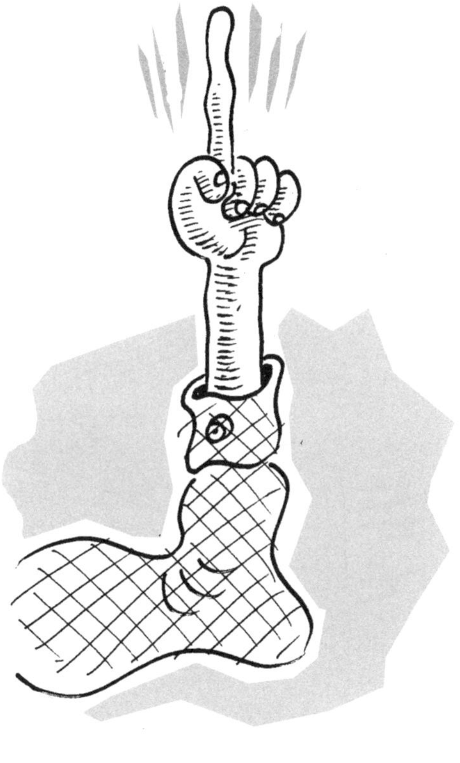

– Um cara avançado como tu certamente é a favor da inclusão digital?

– Claro!

– Então marca consulta com o médico de próstata!

– Porque quando eu boto o meu Google no teu Orkut tu começa a Gmail e grita Uol! (Pegadinha criada pelo Roberto Silva.)

– Como é que se chama esse metal amarelo com o qual se faz os fios elétricos?

– Cobre!

– Meu pau de bosta!

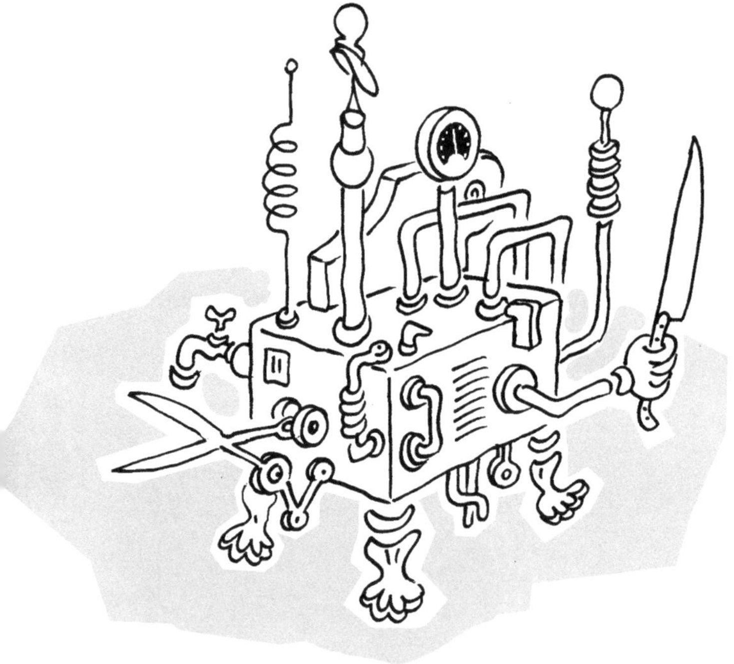

– E aquela tua maquininha?
– Que maquininha?
– Aquela de carimbar papel higiênico!

– E aquela tua maquininha?
– Qual maquininha?
– Aquela de atorar sorete!

– Como é que tá aquele teu aparelho de CD? (Aparelho de ceder, dar!)

– Tem aí uma promoção de celulares. Estarias interessado na promoção Tim Terra Total?

– Essa os técnicos de som aplicam nos músicos quando estão testando a amplificação: fulano, sentiu o meu volume aí atrás?

– Qual é a mais moderna: a masturbação masculina ou a feminina?

– Resposta: a feminina, porque a masculina é manual e a feminina é digital!

– Sabe aquele pessoal da banda de música? O cara que tem tuba quer falar contigo.

SEXTO ANDAR
Negócios & propostas (não muito decentes!)

– Se tu fosses um caminhoneiro e tivesses que levar uma carga de ferro até a cidade de Joá ou até a cidade de Tupy, tu preferias levar ferro até em Joá ou levar ferro até em Tupy?

– Sei que tu compraste um carro novo. E aí, deu pra ver se é bom?

– Quando tu compras a crédito tu preferes dar a entrada?

–Vamos fazer uma troca caracu: eu entro com a cara e tu entras com o ...!

– Eu tenho que pagar cinqüenta pilas pra alguém e não me lembro pra quem!

– Pra mim! (Na roda do boteco sempre tem um gracioso metido a esperto que se pronuncia!)

– Eu sabia que tinha comido um rabo mas não me lembrava de quem!

– Tu estás perdendo dinheiro aí atrás! (O outro apalpa os bolsos traseiros da calça)

– Tô dizendo que tu estás perdendo de ganhar dinheiro com essa baita bunda!

– Tem cara que é mágico, sai de férias pelado e volta com um pau na poupança!

– Tenho um emprego pra tu ganhares uma grana boa: um pau limpinho por semana, sentado!

– Quero te propor um negócio subfaturado, legalmente é um tanto mas por trás tu recebes um volume maior!

– Eu sei que na firma tu recebes o salário normal, mas por baixo dos panos tu gostas de receber dobrado!

– No teu emprego, quando tu fazes hora extra, tu adoras receber dobrado!

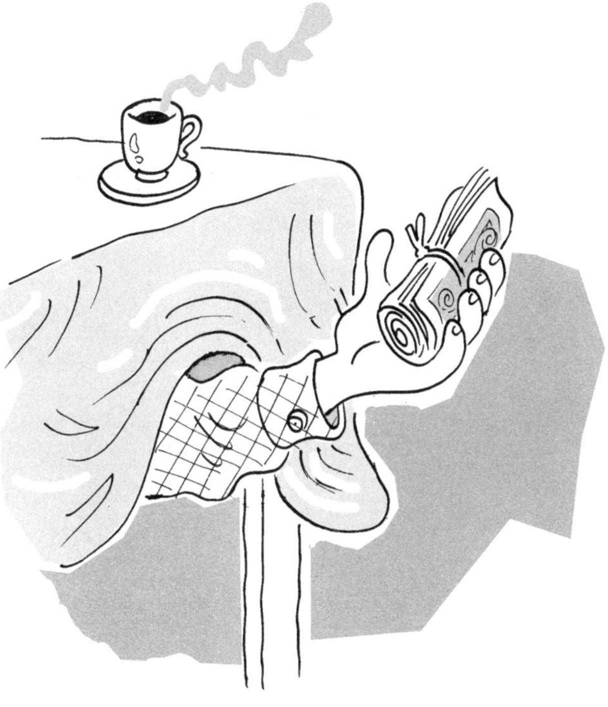

– Tu tens talento pra contabilista: tu gostas de pegar o bruto, dar o balanço e ficar com o líquido!

– Quando tu fores ao cabeleireiro já sabes: apara a franja e pica por trás!

– Já que tu és meio músico, vem de ré pra mim sem dó!

–Vens com o violão que eu entro em voz!

Quando alguém encontra um amigo assobiando:

– Compro o bico, se for do senhor!

(Se foda o senhor.)

– Tu tens muitos dias livres, no fundo tu tens bastante folga!

– Queres um carpano?
– O que é carpano?
– Um caralho enrolado num pano!

– Não sabia que tu eras delegado.

– Eu, delegado?

– Claro, me disseram que tu prendeste um pau no rabo e não quis soltar!

– Se tu te sentires lesado nalgum negócio, não te esqueças: a lei tá aí!

(Aleita aí.)

– Vais querer aquele pacote turístico?

– Qual é o pacote turístico?

– México gostoso!

SÉTIMO ANDAR
Tempo & clima

– Esse céu véio tá armado!

(Esse seu véio tá armado, "armado" em bagacerês = bem dotado!)

– Posso falar contigo só depois que o sol cair no vão!

(Depois que eu soco aí no vão!)

– Tu que entende de agricultura, qual é a melhor lua para plantar a mandioca?

– Lua de mel, claro!

– Onde é que tu vais passar o fevereiro: na areia do mar, nas pedras da serra ou nos picos da montanha?

(Fevereiro em bagacerês = bunda.)

– Que horas são no teu relógio?

– Três horas, por quê?

– Tá na hora de mudar o pau de lado!

OITAVO ANDAR
Bichos & péti-xópis

– O que dá uma cruza de quero-quero com pica-pau?

– Um quero-pau ou um pica-quero?

– Eu fui à praia e peguei bicho-de-pé. Tu queres ver meu bicho-de-pé?

– Variação: tu nunca pegaste o bicho-de-pé?

– Esse cara é galo!

– Claro, o comedor do terreiro?!!

– Não, é porque dorme no pau e amanhece cantando!

– Pô, cara, tu és um baita gavião!
– Comedor, não é?!!
– Sim, comedor de pinto!

– Tu és um baita touro!
– Reprodutor do rebanho, não é?!!
– Não, tás virado em bola e guampa!

– Quando o tatu sai da toca ele tem terra na bunda?

– Tu és um cara estudado mas muito competitivo, tu ficas faceiro porque atrás de ti sou um jumento!

– Sabe por que o Tico não foi ao cinema com o Teco?

– Porque o Tico tava duro!

– A mais longa das empulhas: o teu cachorro se chama Nabunda e tu vais pescar com ele numa canoa. Se a canoa começa a afundar, tu levas Nabunda ou deixa Nabunda?

– Nabunda nada!

– Mas se ele morre afogado, tu arranjas um caixão pra enfiar Nabunda?

– Não, Nabunda não cabe!

– Mas tu enterras Nabunda?

– Não, Nabunda os anjos levam!

NONO ANDAR
Saúde & bem-estar

– Seu farmacêutico, tem Paracetamol?
– Não!
– E parece-que-tá-duro, tem?

– Seu farmacêutico, dá álcool pra mim! (Dá o cu pra mim.)

– Preciso da ajuda de um amigo como tu. Podes me dar uma mão? É que eu tô com o guri baixado!

– Variação: tô com um problema grave, tu podias me dar uma mão? Ando por toda parte e não consigo baixar o guri!

– Doutor, tô com doze por oito, o senhor fica satisfeito com esses números?

– Claro, ótima pressão arterial!

– Tô falando de uma com doze de comprimento por oito de diâmetro!

– Por que na cidade de Concórdia não tem AIDS?

– Porque lá é a terra da lingüiça Sadia!

– Tu estás com um baita sorriso na cara. Tem alguém tratando o teu canal?

– O que tu fazes quando tens assadura na bunda?

(Essa dura na bunda.)

– Tu tá me vendo aqui já meio velho, mas tu vai vê como eu duro!

(Como é o duro.)

– Eu acho que tu gostarias de ser cremado quando morrer!

– Por quê?

– Pra queimar a rosca pela última vez!

DÉCIMO ANDAR
Amizade & relacionamento

– Tu aceitas qualquer elemento estranho no teu círculo íntimo?

– Vê como são as coisas: antes eu queria te ter e tu não querias. Agora que eu não quero, tu queres me ter!

– Eu sempre te quis ter como amigo, eu posso te ter?

– Claro que podes me ter!

– Eu te desejo um bem!

– Um bem-estar!

– Não, um bem grandão deste tamanho!

– O Paulão aqui é muito meu amigo! Nele eu chego pelos fundos!

– Tu és um cara que eu admiro, e como!

– Um abraço pra ti e todo que for da sua rodinha!

(Que fodem a sua rodinha.)

– A gente tem que selecionar as amizades. É por isso que tô com menos amigos!

(Tô comendo os amigos.)

– Tu sabes como eu sou teu amigo: qualquer desafio que tu fores enfrentar podes contar com a minha torcida por trás!

– Pô, tu falas que eu sou caloteiro! Ficas dizendo que eu devo por tudo aí!

("Pôr", no sentido de colocar.)

– Mas eu não fiz nada! Tem culpa eu?

(Tem cu pra eu?)

– Tu tá muito irresponsável! A gente combina, combina e depois tu dá o furo!

Uma longa metragem (no bom sentido!):

– Desculpa por tudo aí, perdoa se fui cabeça-dura e te machuquei por dentro, desculpa a minha grossura e aceite o meu comprimento!

– Sabe aquelas tuas primas? Gosto muito da cabeludinha do meio!

– Teu amigo tem filho barbado?
(Te enfia o barbado.)

Quando tem um guri por perto da turma:
– Esse cabeçudinho é teu?
– Qual, aquele menino?
– Não, esse cabeçudinho aqui!
(Apontando para o baixo ventre.)

– Se ele te incomodar bota a boca nele e chama de grosso!

ÚLTIMO ANDAR

Sacanagens em geral (sofazão)

Um clássico.

Numa turma de guris, alguém diz:

– Todo guri que bate punheta tem cabelo na mão!

(Sempre tem um pivete que olha pra palma da mão!)

O empulhador profissional faz uma tentativa de empulha e o outro responde "eu fora". A cada nova tentativa o outro "eu fora". Então o empulhador profissional pergunta:

– Jacaré dá o rabo na água, e tu?

– Eu fora!

– Quer dizer que pra aprender tem que cair?

– Claro que tem!

– Então cai de boca aqui!

Quando alguém desfere um sonoro flato:

– Pelo barulho dessa buzina já trabalhei nessa oficina!

Outra pra o queimador de bota:

– Toda casa que eu entro fica assombrada!

– O que acontece numa equação se o teu A for B e se o meu T for D?

– Quanto é cinco vezes cinco?
– Vinte e cinco!
– Baixa as calças que eu te finco!

Quando o cara passa a mão na bunda do outro:

– Quem bota a mão no cesto quer banana!

– Quantos anos tu tens?

– Eu tenho trinta!

– Trinta anos redondo?

– Não, quebrado!

– Estranho, eu tenho só um e é redondo!

– Tu queres experimentar?
(Esperma entrar.)

– Tu estás com o livrinho?
(Estás cu livrinho?)

– Eu tenho aqui um kit que vem numa caixinha. Tu gostas do kit em caixa?

(O que te encaixa.)

– Ontem eu tava pegando o ônibus pela porta de trás e tu me gritaste. Incrível como tu gritavas quando eu entrei por trás, hein!

– Para adquirir terras tem que se lutar muito. O cara que tem terra não tem piedade!

Agora um excelente contraveneno pros caras altos:

– Tá frio aí em cima?

– Agarra no termômetro aqui embaixo!

E sempre tem um engraçadinho pra perguntar ao gordo:

– Tá grávido?

– Tô, e é filho de elefante porque já tá apontando a tromba!

– Se a tua vó morrer tu fica como herdeiro?

– Eu vim de Alegrete e tu de Itaqui!

– Me dá uma foto tua três por quatro.
– Pra que tu queres?
– É que eu tô sem um puto na carteira!

– Esta noite sonhei que eu tava virando veado!

– Ué, mudaste de preferência?

– Não, eu te pegava e te virava de um lado para outro!

– Eu vi dois caras brigando e um enfiou uma chave de fenda na barriga do outro!

– E aí morreu o cara?

– Não, só afrouxou a arruela do rabo e caiu a bunda!

– Tu és colorado ou gremista doente? Então tens que usar camisinha!

– Tu és colorado ou gremista doente?
– Não, sou torcedor, mas não sou doente!
– Oba! É de um cuzinho são que eu preciso!

– Conhece o colorado véio frente aberta e cabeça rasgada?

Um duelo de empulhadores.

O Zeca era um famoso empulhador, e um dia lhe apresentaram um outro empulhador praticante:

– Muito prazer, Zeca!

– De onde saiu?

– Do buraco da minha mãe!

– Gostaria muito de conhecer esse lugar!

– Só montar na chonga do meu pai que chega lá!

Liguei pra casa do seu Buci:

– O seu Buci tá?

– Não, o seu Buci não tá!

– E os filhos do seu Buci tão?

– O seu Buci não tem filhos!

– Ah, pensei que o seu Buci tinha!

FAIXA BÔNUS

Os três pedidos

Uma história em quadrinhos de arrepiar os cabelos (todos!)

CLÁSSICOS DA ANEDOTA UNIVERSAL
APRESENTA: UM CAUSO DOS PAMPAS
OS TRÊS PEDIDOS
BÁI
SANTIAGO

CERTO DIA TAVA O CASSILANDRO CONCENTRADO NAS SUAS LIDES CAMPEIRAS, QUANDO LEMBROU QUE JÁ TAVA ATRASADO PARA O BAILE NO POVO
ALA FRESCA! TÔ MAIS ATRASADO QUE TARTARUGA EM DESFILE DE LEBRE!
1

GURI! ENCILHA O ANIMAL ENQUANTO EU TOMO UM BANHO!

E LÁ VAI O NOSSO HERÓI NA SUA ROUPA DOMINGUEIRA E LAVADO EM PERFUME "AMOR GAÚCHO"
ATRASADO COMO EU TÔ, VOU SER OBRIGADO A ATALHAR PELO CAPÃO ASSOMBRADO!
2

DIZEM QUE AQUI APARECE O DEMÔNIO EM PESSOA!

VIRGE NOSSA! É O PÓPRIO!
PUF
3

NÃO SE ASSUSTE, VIVENTE. COMO FOSTE CORAJOSO TENS DIREITO A TRÊS PEDIDOS!
BUENO, JÁ QUE É ASSIM, VAMOS AO PRIMEIRO: QUERO UM ROSTO DE GALÃ DE NOVELA...
VOU ANOTAR QUE EU NÃO SOU DEUS PRA LEMBRAR TUDO!
4

... SEGUNDO: UM CINTURÃO FORRA-DO DE DINHEIRO...
... E POR ÚLTIMO: UM GENITAL BEM GRANDE COMO O DESSE ANIMAL QUE EU TÔ MONTANDO!

PODE TE MANDAR QUE EU GARANTO OS PEDIDOS!

OBA!
BONITÃO, RICAÇO E BEM ARMADO, VOU COMER TODO O MULHERIO DO SALÃO!
BAILANTA "CUECA ENGOMADA"
6

TÔ CURIOSO PRA CONFE-RIR OS PEDIDOS!
WC HOMENS
OBA! O PRIMEIRO TÁ! A CARA DO LEONARDO CAPRINO...
7

... O SEGUNDO TAMBÉM

... E AGORA VAMOS VER O MAIS IMPOR-TANTE!
8

FIM

ANEXO: GUIA PRÁTICO PARA VIAGENS

Em tempos de globalização nada melhor que o distinto leitor ter à sua disposição um glossário (que alguns poderão chamar de grossário!) em várias línguas.

Espanhol:
– ¿Usted conoce Mário?

Italiano:
– Lei conosce Mário?

Francês:
–Vous connaissez Marriô?

Alemão:
– Kennst Du Márrio?

Catalão:
–Tu coneixes Mário?

Inglês:
– Do you know Mário?

Guarani:
– Nde piko reikuaa Mário pe?

Japonês:
– Mário o shitte imasuka?

Árabe:
– Ent árif al Mário?

Russo:
– Ti znaich Mário?

Latim:
– Cognoscis Marium?

Leia também a série

HUMOR & QUADRINHOS

Abobrinhas da Brasilônia – Glauco
E agora são cinzas – Angeli
Aline e seus dois namorados (1) – Adão Iturrusgarai
Aline: TPM – tensão pré-monstrual (2) – Adão Iturrusgarai
Baton na cueca – Nani
Os broncos também amam – Angeli
Conhece o Mário? vol. 1 – Santiago
Conhece o Mário? vol. 2 – Santiago
Dilbert: Corra, o controle de qualidade vem aí! (1) – Scott Adams
Dilbert: Você está demitido! (2) – Scott Adams
Dilbert: Preciso de férias! (3) – Scott Adams
A dupla sertanojo – Santiago
É grave, doutor? – Nani
Fagundes: um puxa-saco de mão cheia – Laerte
Foi bom pra você? – Nani
Garfield em grande forma (1) – Jim Davis
Garfield está de dieta (2) – Jim Davis
Garfield – um gato de peso (3) – Jim Davis
Garfield numa boa (4) – Jim Davis
Garfield – toneladas de diversão (5) – Jim Davis
Garfield – de bom humor (6) – Jim Davis
Garfield – um charme de gato (7) – Jim Davis
Garfield – e seus amigos (8) – Jim Davis
Garfield – um gato em apuros (9) – Jim Davis
Geraldão 1: Edipão, surfistão, gravidão – Glauco
Geraldão 2: A genitália desnuda – Glauco
Geraldão 3: Ligadão, taradão na televisão – Glauco
Humor politicamente incorreto – Nani
O melhor de Hagar, o horrível 1 – Dik Browne
O melhor de Hagar, o horrível 2 – Dik Browne
O melhor de Hagar, o horrível 3 – Dik Browne
O melhor de Hagar, o horrível 4 – Dik Browne
O melhor de Hagar, o horrível 5 – Dik Browne & Chris Browne
O melhor do Recruta Zero 1 – Mort Walker
O melhor do Recruta Zero 2 – Mort Walker
As mil e uma noites – Paulo Caruso
Novíssimo testamento: com Deus e o Diabo, a dupla da criação – Iotti
Orai pornô – Nani
Pagando o pato – Ciça
Piadas para sempre (Livro 1) – Visconde da Casa Verde
Piadas para sempre (Livro 2) – Visconde da Casa Verde
Piratas do Tietê 1: a escória em quadrinhos – Laerte
Piratas do Tietê 2: histórias de pavio curto – Laerte
Radicci 1 – Iotti
Radicci 2 – Iotti
Radicci 3 – Iotti
Radicci 4 – Iotti

Radicci 5 – Iotti
Radicci 6 – Iotti
Rango – Edgar Vasques
Rê Bordosa: do começo ao fim – Angeli
Snoopy e sua turma (1) – Schulz
Snoopy em: Feliz Dia dos Namorados! (2) – Schulz
Snoopy em: Assim é a vida, Charlie Brown! (3) – Schulz
Snoopy em: É Natal! (4) – Schulz
Snoopy em: Posso fazer uma pergunta, professora? (5) – Schulz
Snoopy em: Como você é azarado, Charlie Brown! (6) – Schulz
Snoopy em: Doces ou travessuras? (7) – Schulz
Striptiras 1: gato & gata – Laerte
Striptiras 2: Grafiteiro, o detonador do futuro – Laerte
Striptiras 3: O Zelador, pau pra toda obra, e o Síndico sempre de olho – Laerte
Walter Ego – Angeli
Wood & Stock – Angeli

Coleção **L&PM** POCKET (LANÇAMENTOS MAIS RECENTES)

275.**Pai e filho, filho e pai** – Moacyr Scliar
276.**As aventuras de Tom Sawyer** – Mark Twain
277.**Muito barulho por nada** – W. Shakespeare
278.**Elogio da loucura** – Erasmo
279.**Autobiografia de Alice B. Toklas** – G. Stein
280.**O chamado da floresta** – J. London
281.**Uma agulha para o diabo** – Ruth Rendell
282.**Verdes vales do fim do mundo** – A. Bivar
283.**Ovelhas negras** – Caio Fernando Abreu
284.**O fantasma de Canterville** – O. Wilde
285.**Receitas de Yayá Ribeiro** – Celia Ribeiro
286.**A galinha degolada** – H. Quiroga
287.**O último adeus de Sherlock Holmes** – A. Conan Doyle
288.**A. Gourmet *em* Histórias de cama & mesa** – J. A. Pinheiro Machado
289.**Topless** – Martha Medeiros
290.**Mais receitas do Anonymus Gourmet** – J. A. Pinheiro Machado
291.**Origens do discurso democrático** – D. Schüler
292.**Humor politicamente incorreto** – Nani
293.**O teatro do bem e do mal** – E. Galeano
294.**Garibaldi & Manoela** – J. Guimarães
295.**10 dias que abalaram o mundo** – John Reed
296.**Numa fria** – Charles Bukowski
297.**Poesia de Florbela Espanca** vol. 1
298.**Poesia de Florbela Espanca** vol. 2
299.**Escreva certo** – E. Oliveira e M. E. Bernd
300.**O vermelho e o negro** – Stendhal
301.**Ecce homo** – Friedrich Nietzsche
302(7).**Comer bem, sem culpa** – Dr. Fernando Lucchese, A. Gourmet e Iotti
303.**O livro de Cesário Verde** – Cesário Verde
305.**100 receitas de macarrão** – S. Lancellotti
306.**160 receitas de molhos** – S. Lancellotti
307.**100 receitas light** – H. e Â. Tonetto
308.**100 receitas de sobremesas** – Celia Ribeiro
309.**Mais de 100 dicas de churrasco** – Leon Diziekaniak
310.**100 receitas de acompanhamentos** – C. Cabeda
311.**Honra ou vendetta** – S. Lancellotti
312.**A alma do homem sob o socialismo** – Oscar Wilde
313.**Tudo sobre Yôga** – Mestre De Rose
314.**Os varões assinalados** – Tabajara Ruas
315.**Édipo em Colono** – Sófocles
316.**Lisístrata** – Aristófanes / trad. Millôr
317.**Sonhos de Bunker Hill** – John Fante
318.**Os deuses de Raquel** – Moacyr Scliar
319.**O colosso de Marússia** – Henry Miller
320.**As eruditas** – Molière / trad. Millôr
321.**Radicci 1** – Iotti
322.**Os Sete contra Tebas** – Ésquilo
323.**Brasil Terra à vista** – Eduardo Bueno
324.**Radicci 2** – Iotti
325.**Júlio César** – William Shakespeare
326.**A carta de Pero Vaz de Caminha**
327.**Cozinha Clássica** – Sílvio Lancellotti
328.**Madame Bovary** – Gustave Flaubert
329.**Dicionário do viajante insólito** – M. Scliar
330.**O capitão saiu para o almoço...** – Bukowski
331.**A carta roubada** – Edgar Allan Poe
332.**É tarde para saber** – Josué Guimarães
333.**O livro de bolso da Astrologia** – Maggy Harrisonx e Mellina Li
334.**1933 foi um ano ruim** – John Fante
335.**100 receitas de arroz** – Aninha Comas
336.**Guia prático do Português correto – vol. 1** – Cláudio Moreno
337.**Bartleby, o escriturário** – H. Melville
338.**Enterrem meu coração na curva do rio** – Dee Brown
339.**Um conto de Natal** – Charles Dickens
340.**Cozinha sem segredos** – J. A. P. Machado
341.**A dama das Camélias** – A. Dumas Filho
342.**Alimentação saudável** – H. e Â. Tonetto
343.**Continhos galantes** – Dalton Trevisan
344.**A Divina Comédia** – Dante Alighieri
345.**A Dupla Sertanojo** – Santiago
346.**Cavalos do amanhecer** – Mario Arregui
347.**Biografia de Vincent van Gogh por sua cunhada** – Jo van Gogh-Bonger
348.**Radicci 3** – Iotti
349.**Nada de novo no front** – E. M. Remarque
350.**A hora dos assassinos** – Henry Miller
351.**Flush - Memórias de um cão** – Virginia Woolf
352.**A guerra no Bom Fim** – M. Scliar
353(1).**O caso Saint-Fiacre** – Simenon
354(2).**Morte na alta sociedade** – Simenon
355(3).**O cão amarelo** – Simenon
356(4).**Maigret e o homem do banco** – Simenon
357.**As uvas e o vento** – Pablo Neruda
358.**On the road** – Jack Kerouac
359.**O coração amarelo** – Pablo Neruda
360.**Livro das perguntas** – Pablo Neruda
361.**Noite de Reis** – William Shakespeare
362.**Manual de Ecologia** – vol.1 – J. Lutzenberger
363.**O mais longo dos dias** – Cornelius Ryan
364.**Foi bom prá você?** – Nani
365.**Crepusculário** – Pablo Neruda
366.**A comédia dos erros** – Shakespeare
367(5).**A primeira investigação de Maigret** – Simenon
368(6).**As férias de Maigret** – Simenon
369.**Mate-me por favor (vol.1)** – L. McNeil
370.**Mate-me por favor (vol.2)** – L. McNeil
371.**Carta ao pai** – Kafka
372.**Os vagabundos iluminados** – J. Kerouac
373(7).**O enforcado** – Simenon
374(8).**A fúria de Maigret** – Simenon
375.**Vargas, uma biografia política** – H. Silva
376.**Poesia reunida (vol.1)** – A. R. de Sant'Anna
377.**Poesia reunida (vol.2)** – A. R. de Sant'Anna
378.**Alice no país do espelho** – Lewis Carroll
379.**Residência na Terra 1** – Pablo Neruda
380.**Residência na Terra 2** – Pablo Neruda
381.**Terceira Residência** – Pablo Neruda
382.**O delírio amoroso** – Bocage
383.**Futebol ao sol e à sombra** – E. Galeano
384(9).**O porto das brumas** – Simenon

385(10).**Maigret e seu morto** – Simenon
386.**Radicci 4** – Iotti
387.**Boas maneiras & sucesso nos negócios** – Celia Ribeiro
388.**Uma história Farroupilha** – M. Scliar
389.**Na mesa ninguém envelhece** – J. A. P. Machado
390.**200 receitas inéditas do Anonymus Gourmet** – J. A. Pinheiro Machado
391.**Guia prático do Português correto – vol.2** – Cláudio Moreno
392.**Breviário das terras do Brasil** – Assis Brasil
393.**Cantos Cerimoniais** – Pablo Neruda
394.**Jardim de Inverno** – Pablo Neruda
395.**Antonio e Cleópatra** – William Shakespeare
396.**Tróia** – Cláudio Moreno
397.**Meu tio matou um cara** – Jorge Furtado
398.**O anatomista** – Federico Andahazi
399.**As viagens de Gulliver** – Jonathan Swift
400.**Dom Quixote – v.1** – Miguel de Cervantes
401.**Dom Quixote – v.2** – Miguel de Cervantes
402.**Sozinho no Pólo Norte** – Thomaz Brandolin
403.**Matadouro 5** – Kurt Vonnegut
404.**Delta de Vênus** – Anaïs Nin
405.**O melhor de Hagar 2** – Dik Browne
406.**É grave Doutor?** – Nani
407.**Orai pornô** – Nani
408(11).**Maigret em Nova York** – Simenon
409(12).**O assassino sem rosto** – Simenon
410(13).**O mistério das jóias roubadas** – Simenon
411.**A irmãzinha** – Raymond Chandler
412.**Três contos** – Gustave Flaubert
413.**De ratos e homens** – John Steinbeck
414.**Lazarilho de Tormes** – Anônimo do séc. XVI
415.**Triângulo das águas** – Caio Fernando Abreu
416.**100 receitas de carnes** – Sílvio Lancellotti
417.**Histórias de robôs: vol.1** – org. Isaac Asimov
418.**Histórias de robôs: vol.2** – org. Isaac Asimov
419.**Histórias de robôs: vol.3** – org. Isaac Asimov
420.**O país dos centauros** – Tabajara Ruas
421.**A república de Anita** – Tabajara Ruas
422.**A carga dos lanceiros** – Tabajara Ruas
423.**Um amigo de Kafka** – Isaac Singer
424.**As alegres matronas de Windsor** – Shakespeare
425.**Amor e exílio** – Isaac Bashevis Singer
426.**Use & abuse do seu signo** – Marília Fiorillo e Marylou Simonsen
427.**Pigmaleão** – Bernard Shaw
428.**As fenícias** – Eurípides
429.**Everest** – Thomaz Brandolin
430.**A arte de furtar** – Anônimo do séc. XVI
431.**Billy Bud** – Herman Melville
432.**A rosa separada** – Pablo Neruda
433.**Elegia** – Pablo Neruda
434.**A garota de Cassidy** – David Goodis
435.**Como fazer a guerra: máximas de Napoleão** – Balzac
436.**Poemas escolhidos** – Emily Dickinson
437.**Gracias por el fuego** – Mario Benedetti
438.**O sofá** – Crébillon Fils
439.**O "Martín Fierro"** – Jorge Luis Borges
440.**Trabalhos de amor perdidos** – W. Shakespeare
441.**O melhor de Hagar 3** – Dik Browne
442.**Os Maias (volume1)** – Eça de Queiroz
443.**Os Maias (volume2)** – Eça de Queiroz
444.**Anti-Justine** – Restif de La Bretonne
445.**Juventude** – Joseph Conrad
446.**Contos** – Eça de Queiroz
447.**Janela para a morte** – Raymond Chandler
448.**Um amor de Swann** – Marcel Proust
449.**À paz perpétua** – Immanuel Kant
450.**A conquista do México** – Hernan Cortez
451.**Defeitos escolhidos & 2000** – Pablo Neruda
452.**O casamento do céu e do inferno** – William Blake
453.**A primeira viagem ao redor do mundo** – Antonio Pigafetta
454(14).**Uma sombra na janela** – Simenon
455(15).**A noite da encruzilhada** – Simenon
456(16).**A velha senhora** – Simenon
457.**Sartre** – Annie Cohen-Solal
458.**Discurso do método** – René Descartes
459.**Garfield em grande forma (1)** – Jim Davis
460.**Garfield está de dieta** (2) – Jim Davis
461.**O livro das feras** – Patricia Highsmith
462.**Viajante solitário** – Jack Kerouac
463.**Auto da barca do inferno** – Gil Vicente
464.**O livro vermelho dos pensamentos de Millôr** – Millôr Fernandes
465.**O livro dos abraços** – Eduardo Galeano
466.**Voltaremos!** – José Antonio Pinheiro Machado
467.**Rango** – Edgar Vasques
468(8).**Dieta mediterrânea** – Dr. Fernando Lucchese e José Antonio Pinheiro Machado
469.**Radicci 5** – Iotti
470.**Pequenos pássaros** – Anaïs Nin
471.**Guia prático do Português correto – vol.3** – Cláudio Moreno
472.**Atire no pianista** – David Goodis
473.**Antologia Poética** – García Lorca
474.**Alexandre e César** – Plutarco
475.**Uma espiã na casa do amor** – Anaïs Nin
476.**A gorda do Tiki Bar** – Dalton Trevisan
477.**Garfield um gato de peso (3)** – Jim Davis
478.**Canibais** – David Coimbra
479.**A arte de escrever** – Arthur Schopenhauer
480.**Pinóquio** – Carlo Collodi
481.**Misto-quente** – Charles Bukowski
482.**A lua na sarjeta** – David Goodis
483.**O melhor do Recruta Zero (1)** – Mort Walker
484.**Aline 2** – Adão Iturrusgarai
485.**Sermões do Padre Antonio Vieira**
486.**Garfield numa boa (4)** – Jim Davis
487.**Mensagem** – Fernando Pessoa
488.**Vendeta** ***seguido de*** **A paz conjugal** – Balzac
489.**Poemas de Alberto Caeiro** – Fernando Pessoa
490.**Ferragus** – Honoré de Balzac
491.**A duquesa de Langeais** – Honoré de Balzac
492.**A menina dos olhos de ouro** – Honoré de Balzac
493.**O lírio do vale** – Honoré de Balzac
494(17).**A barcaça da morte** – Simenon
495(18).**As testemunhas rebeldes** – Simenon
496(19).**Um engano de Maigret** – Simenon
497(1).**A noite das bruxas** – Agatha Christie
498(2).**Um passe de mágica** – Agatha Christie
499(3).**Nêmesis** – Agatha Christie
500.**Esboço para uma teoria das emoções** – Sartre
501.**Renda básica de cidadania** – Eduardo Suplicy

502(1).**Pílulas para viver melhor** – Dr. Lucchese
503(2).**Pílulas para prolongar a juventude** – Dr. Lucchese
504(3).**Desembarcando o Diabetes** – Dr. Lucchese
505(4).**Desembarcando o Sedentarismo** – Dr. Fernando Lucchese e Cláudio Castro
506(5).**Desembarcando a Hipertensão** – Dr. Lucchese
507(6).**Desembarcando o Colesterol** – Dr. Fernando Lucchese e Fernanda Lucchese
508.**Estudos de mulher** – Balzac
509.**O terceiro tira** – Flann O'Brien
510.**100 receitas de aves e ovos** – J. A. P. Machado
511.**Garfield em toneladas de diversão** (5) – Jim Davis
512.**Trem-bala** – Martha Medeiros
513.**Os cães ladram** – Truman Capote
514.**O Kama Sutra de Vatsyayana**
515.**O crime do Padre Amaro** – Eça de Queiroz
516.**Odes de Ricardo Reis** – Fernando Pessoa
517.**O inverno da nossa desesperança** – Steinbeck
518.**Piratas do Tietê (1)** – Laerte
519.**Rê Bordosa: do começo ao fim** – Angeli
520.**O Harlem é escuro** – Chester Himes
521.**Café-da-manhã dos campeões** – Kurt Vonnegut
522.**Eugénie Grandet** – Balzac
523.**O último magnata** – F. Scott Fitzgerald
524.**Carol** – Patricia Highsmith
525.**100 receitas de patisseria** – Sílvio Lancellotti
526.**O fator humano** – Graham Greene
527.**Tristessa** – Jack Kerouac
528.**O diamante do tamanho do Ritz** – S. Fitzgerald
529.**As melhores histórias de Sherlock Holmes** – Arthur Conan Doyle
530.**Cartas a um jovem poeta** – Rilke
531(20).**Memórias de Maigret** – Simenon
532(4).**O misterioso sr. Quin** – Agatha Christie
533.**Os analectos** – Confúcio
534(21).**Maigret e os homens de bem** – Simenon
535(22).**O medo de Maigret** – Simenon
536.**Ascensão e queda de César Birotteau** – Balzac
537.**Sexta-feira negra** – David Goodis
538.**Ora bolas – O humor de Mario Quintana** – Juarez Fonseca
539.**Longe daqui aqui mesmo** – Antonio Bivar
540(5).**É fácil matar** – Agatha Christie
541.**O pai Goriot** – Balzac
542.**Brasil, um país do futuro** – Stefan Zweig
543.**O processo** – Kafka
544.**O melhor de Hagar 4** – Dik Browne
545(6).**Por que não pediram a Evans?** – Agatha Christie
546.**Fanny Hill** – John Cleland
547.**O gato por dentro** – William S. Burroughs
548.**Sobre a brevidade da vida** – Sêneca
549.**Geraldão (1)** – Glauco
550.**Piratas do Tietê (2)** – Laerte
551.**Pagando o pato** – Ciça
552.**Garfield de bom humor (6)** – Jim Davis
553.**Conhece o Mário?** vol. 1 – Santiago
554.**Radicci 6** – Iotti
555.**Os subterrâneos** – Jack Kerouac
556(1).**Balzac** – François Taillandier
557(2).**Modigliani** – Christian Parisot
558(3).**Kafka** – Gérard-Georges Lemaire
559(4).**Júlio César** – Joël Schmidt
560.**Receitas da família** – J. A. Pinheiro Machado
561.**Boas maneiras à mesa** – Celia Ribeiro
562(9).**Filhos sadios, pais felizes** – R. Pagnoncelli
563(10).**Fatos & mitos** – Dr. Fernando Lucchese
564.**Ménage à trois** – Paula Taitelbaum
565.**Mulheres!** – David Coimbra
566.**Poemas de Álvaro de Campos** – Fernando Pessoa
567.**Medo e outras histórias** – Stefan Zweig
568.**Snoopy e sua turma (1)** – Schulz
569.**Piadas para sempre (1)** – Visconde da Casa Verde
570.**O alvo móvel** – Ross Macdonald
571.**O melhor do Recruta Zero (2)** – Mort Walker
572.**Um sonho americano** – Norman Mailer
573.**Os broncos também amam** – Angeli
574.**Crônica de um amor louco** – Bukowski
575(5).**Freud** – René Major e Chantal Talagrand
576(6).**Picasso** – Gilles Plazy
577(7).**Gandhi** – Christine Jordis
578.**A tumba** – H. P. Lovecraft
579.**O príncipe e o mendigo** – Mark Twain
580.**Garfield, um charme de gato (7)** – Jim Davis
581.**Ilusões perdidas** – Balzac
582.**Esplendores e misérias das cortesãs** – Balzac
583.**Walter Ego** – Angeli
584.**Striptiras (1)** – Laerte
585.**Fagundes: um puxa-saco de mão cheia** – Laerte
586.**Depois do último trem** – Josué Guimarães
587.**Ricardo III** – Shakespeare
588.**Dona Anja** – Josué Guimarães
589.**24 horas na vida de uma mulher** – Stefan Zweig
590.**O terceiro homem** – Graham Greene
591.**Mulher no escuro** – Dashiell Hammett
592.**No que acredito** – Bertrand Russell
593.**Odisséia (1): Telemaquia** – Homero
594.**O cavalo cego** – Josué Guimarães
595.**Henrique V** – Shakespeare
596.**Fabulário geral do delírio cotidiano** – Bukowski
597.**Tiros na noite 1: A mulher do bandido** – Dashiell Hammett
598.**Snoopy em Feliz Dia dos Namorados! (2)** – Schulz
599.**Mas não se matam cavalos?** – Horace McCoy
600.**Crime e castigo** – Dostoiévski
601(7).**Mistério no Caribe** – Agatha Christie
602.**Odisséia (2): Regresso** – Homero
603.**Piadas para sempre (2)** – Visconde da Casa Verde
604.**À sombra do vulcão** – Malcolm Lowry
605(8).**Kerouac** – Yves Buin
606.**E agora são cinzas** – Angeli
607.**As mil e uma noites** – Paulo Caruso
608.**Um assassino entre nós** – Ruth Rendell
609.**Crack-up** – F. Scott Fitzgerald
610.**Do amor** – Stendhal
611.**Cartas do Yage** – William Burroughs e Allen Ginsberg
612.**Striptiras (2)** – Laerte
613.**Henry & June** – Anaïs Nin
614.**A piscina mortal** – Ross Macdonald
615.**Geraldão (2)** – Glauco
616.**Tempo de delicadeza** – A. R. de Sant'Anna
617.**Tiros na noite 2: Medo de tiro** – Dashiell Hammett
618.**Snoopy em Assim é a vida, Charlie Brown! (3)** – Schulz
619.**1954 – Um tiro no coração** – Hélio Silva

620.**Sobre a inspiração poética (Íon)** e ... – Platão
621.**Garfield e seus amigos (8)** – Jim Davis
622.**Odisséia (3): Ítaca** – Homero
623.**A louca matança** – Chester Himes
624.**Factótum** – Charles Bukowski
625.**Guerra e Paz: volume 1** – Tolstói
626.**Guerra e Paz: volume 2** – Tolstói
627.**Guerra e Paz: volume 3** – Tolstói
628.**Guerra e Paz: volume 4** – Tolstói
629(9).**Shakespeare** – Claude Mourthé
630.**Bem está o que bem acaba** – Shakespeare
631.**O contrato social** – Rousseau
632.**Geração Beat** – Jack Kerouac
633.**Snoopy: É Natal! (4)** – Charles Schulz
634(8).**Testemunha da acusação** – Agatha Christie
635.**Um elefante no caos** – Millôr Fernandes
636.**Guia de leitura (100 autores que você precisa ler)** – Organização de Léa Masina
637.**Pistoleiros também mandam flores** – David Coimbra
638.**O prazer das palavras – vol. 1** – Cláudio Moreno
639.**O prazer das palavras – vol. 2** – Cláudio Moreno
640.**Novíssimo testamento: com Deus e o diabo, a dupla da criação** – Iotti
641.**Literatura Brasileira: modos de usar** – Luís Augusto Fischer
642.**Dicionário de Porto-Alegrês** – Luís A. Fischer
643.**Clô Dias & Noites** – Sérgio Jockymann
644.**Memorial de Isla Negra** – Pablo Neruda
645.**Um homem extraordinário e outras histórias** – Tchekhov
646.**Ana sem terra** – Alcy Cheuiche
647.**Adultérios** – Woody Allen
648.**Para sempre ou nunca mais** – R. Chandler
649.**Nosso homem em Havana** – Graham Greene
650.**Dicionário Caldas Aulete de Bolso**
651.**Snoopy: Posso fazer uma pergunta, professora? (5)** – Charles Schulz
652(10).**Luís XVI** – Bernard Vincent
653.**O mercador de Veneza** – Shakespeare
654.**Cancioneiro** – Fernando Pessoa
655.**Non-Stop** – Martha Medeiros
656.**Carpinteiros, levantem bem alto a cumeeira & Seymour, uma apresentação** – J.D.Salinger
657.**Ensaios céticos** – Bertrand Russell
658.**O melhor de Hagar 5** – Dik Browne
659.**Primeiro amor** – Ivan Turguêniev
660.**A trégua** – Mario Benedetti
661.**Um parque de diversões da cabeça** – Lawrence Ferlinghetti
662.**Aprendendo a viver** – Sêneca
663.**Garfield, um gato em apuros (9)** – Jim Davis
664.**Dilbert 1** – Scott Adams
665.**Dicionário de dificuldades** – Domingos Paschoal Cegalla
666.**A imaginação** – Jean-Paul Sartre
667.**O ladrão e os cães** – Naguib Mahfuz
668.**Gramática do português contemporâneo** – Celso Cunha
669.**A volta do parafuso** *seguido de* **Daisy Miller** – Henry James
670.**Notas do subsolo** – Dostoiévski
671.**Abobrinhas da Brasilônia** – Glauco
672.**Geraldão (3)** – Glauco
673.**Piadas para sempre (3)** – Visconde da Casa Verde
674.**Duas viagens ao Brasil** – Hans Staden
675.**Bandeira de bolso** – Manuel Bandeira
676.**A arte da guerra** – Maquiavel
677.**Além do bem e do mal** – Nietzsche
678.**O coronel Chabert** *seguido de* **A mulher abandonada** – Balzac
679.**O sorriso de marfim** – Ross Macdonald
680.**100 receitas de pescados** – Sílvio Lancellotti
681.**O juiz e o seu carrasco** – Friedrich Dürrenmatt
682.**Noites brancas** – Dostoiévski
683.**Quadras ao gosto popular** – Fernando Pessoa
684.**Romanceiro da Inconfidência** – Cecília Meireles
685.**Kaos** – Millôr Fernandes
686.**A pele de onagro** – Balzac
687.**As ligações perigosas** – Choderlos de Laclos
688.**Dicionário de matemática** – Luiz Fernandes Cardoso
689.**Os Lusíadas** – Luís Vaz de Camões
690(11).**Átila** – Éric Deschodt
691.**Um jeito tranqüilo de matar** – Chester Himes
692.**A felicidade conjugal** *seguido de* **O diabo** – Tolstói
693.**Viagem de um naturalista ao redor do mundo** – vol. 1 – Charles Darwin
694.**Viagem de um naturalista ao redor do mundo** – vol. 2 – Charles Darwin
695.**Memórias da casa dos mortos** – Dostoiévski
696.**A Celestina** – Fernando de Rojas
697.**Snoopy (6)** – Charles Schulz
698.**Dez (quase) amores** – Claudia Tajes
699.**Poirot sempre espera** – Agatha Christie
700.**Cecília de bolso** – Cecília Meireles
701.**Apologia de Sócrates** *precedido de* **Êutifron e** *seguido de* **Críton** – Platão
702.**Wood & Stock** – Angeli
703.**Striptiras (3)** – Laerte
704.**Discurso sobre a origem e os fundamentos da desigualdade entre os homens** – Rousseau
705.**Os duelistas** – Joseph Conrad
706.**Dilbert (2)** – Scott Adams
707.**Viver e escrever (vol.1)** – Edla van Steen
708.**Viver e escrever (vol.2)** – Edla van Steen
709.**Viver e escrever (vol.3)** – Edla van Steen
710.**A teia da aranha** – Agatha Christie
711.**O banquete** – Platão
712.**Os belos e malditos** – F. Scott Fitzgerald
713.**Libelo contra a arte moderna** – Salvador Dalí
714.**Akropolis** – Valerio Massimo Manfredi
715.**Devoradores de mortos** – Michael Crichton
716.**Sob o sol da Toscana** – Frances Mayes
717.**Batom na cueca** – Nani
718.**Vida dura** – Claudia Tajes
719.**Carne trêmula** – Ruth Rendell
720.**Cris, a fera** – David Coimbra
721.**O anticristo** – Nietzsche
722.**Como um romance** – Daniel Pennac
723.**Emboscada no Forte Bragg** – Tom Wolfe
724.**Assédio sexual** – Michael Crichton
725.**O espírito do Zen** – Alan W.Watts
726.**Um bonde chamado desejo** – Tennessee Williams
727.**Como gostais** – Shakespeare
728.**Tratado sobre a tolerância** – Voltaire
729.**Snoopy: Doces ou travessuras? (7)** – Charles Schulz
730.**Cardápios do Anonymus Gourmet** – J.A. Pinheiro Machado
731.**100 receitas com lata** – J.A. Pinheiro Machado
732.**Conhece o Mário?** vol.2 – Santiago
733.**Dilbert (3)** – Scott Adams